школа - škola	2
путешествие - dromaripe	5
транспорт - transporti	8
город - diz	10
ландшафт - pejzaži	14
ресторан - restorani	17
супермаркет - supermarket	20
напитки - piiba	22
еда - habe	23
ферма - farma	27
дом - kher	31
гостиная - bešimaski kamara	33
кухня - kujna	35
ванная комната - banya	38
детская комната - čhavengi kamara	42
одежда - šeja	44
офис - ofiso	49
экономика - ekonomia	51
профессии - profesie	53
инструменты - alatia	56
музыкальные инструменты - muzikane instrumentia	57
зоопарк - zoo	59
спорт - sportia	62
действия - aktivitetia	63
семья - familiya	67
тело - trupo	68
больница - hospitalo	72
неотложный случай - sigyaripen	76
земля - phuv	77
часы - saato	79
неделя - kurko	80
год - berš	81
формы - forme	83
цвета - boje	84
противоположности - mamujipena	85
цифры - gende	88
языки - čhiba	90
кто / что / как - ko / so / sar	91
где - kote	92

AF189539

Impressum
Verlag: BABADADA GmbH, Nedderfeld 112 , 22529 Hamburg
Geschäftsführer / Verlagsleitung: Harald Hof
Druck: Books on Demand GmbH, In de Tarpen 42, 22848 Norderstedt

Imprint
Publisher: BABADADA GmbH, Nedderfeld 112 , 22529 Hamburg, Germany
Managing Director / Publishing direction: Harald Hof
Print: Books on Demand GmbH, In de Tarpen 42, 22848 Norderstedt, Germany

школа
škola

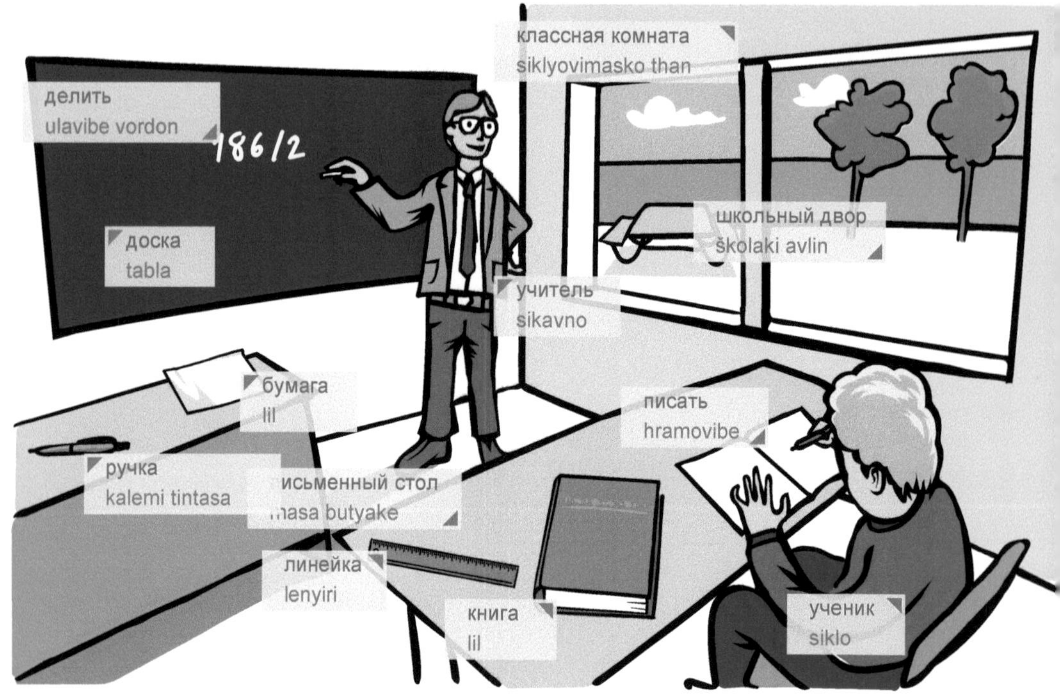

классная комната
siklyovimasko than
делить
ulavibe vordon
186/2
доска
tabla
школьный двор
školaki avlin
учитель
sikavno
бумага
lil
писать
hramovibe
ручка
kalemi tintasa
исьменный стол
masa butyake
линейка
lenyiri
книга
lil
ученик
siklo

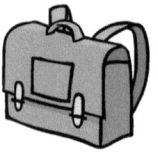

ранец

dumeski tašna

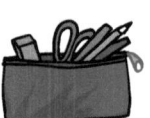

пенал

kalemengi kutia

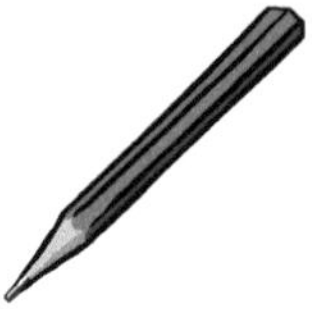

карандаш

kalemi

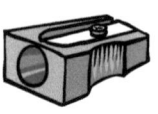

точилка

kalemengi čhurori

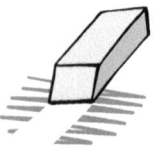

ластик

kosimaski guma

альбом для рисования

čitrimasko bloko

рисунок

čitribe

кисточка

boyimaski frča

коробка красок

boyimaski kutia

ножницы

kata

клей

lepako

тетрадь

bukjardarimasko lil

домашняя работа

khereski buti

цифра

gendo

прибавлять

džide

вычитать

ikal

умножать

multiplicirin

считать

kalkulirin

буква

hramome lil

алфавит

alfabeta

слово

lafo

текст

teksti

читать

drabaribe

мел

kreda

урок

lekciya

классный журнал

Klasesko registro

экзамен

egzameni

диплом

sertifikato

школьная форма

školaki uniforma

образование

edukacia

энциклопедия

enciklopedia

университет

univerziteto

микроскоп

mikroskopo

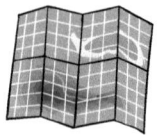

карта

mapa

корзина для бумаг

korpa čhudimaske lila

путешествие

dromaripe

гостиница
hoteli
Grand
турбаза
Lačhi blevel!
ROOMS
пункт обмена валюты
biro baši devize
чемодан
koferi
автомобиль
vordon

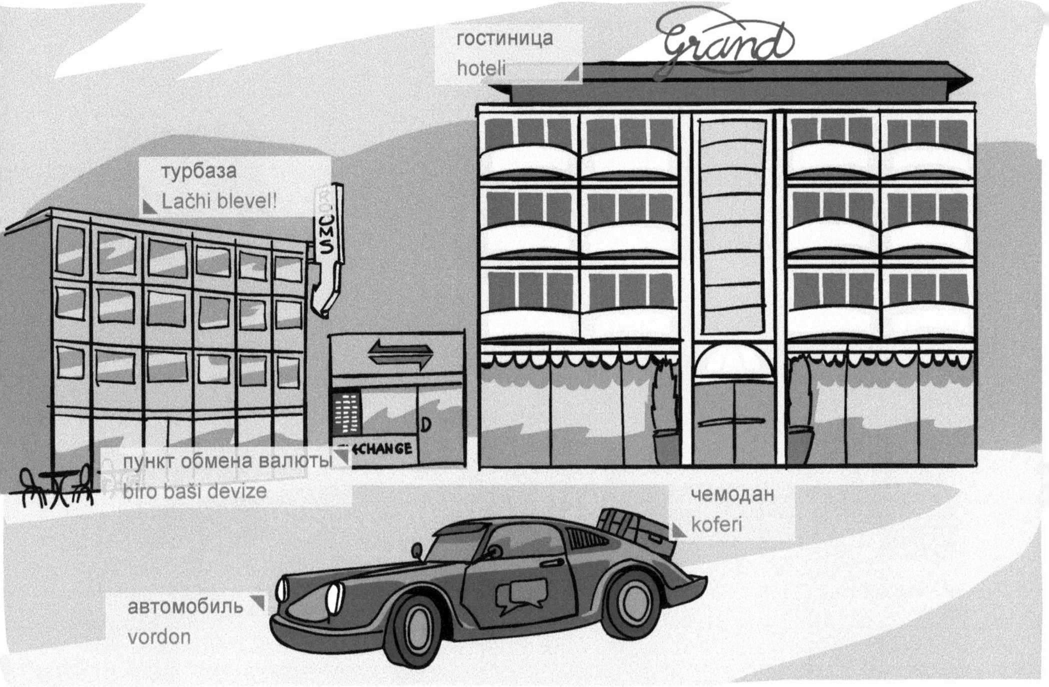

язык

ćhib

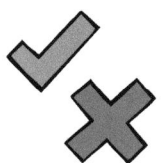

да / нет

va / na

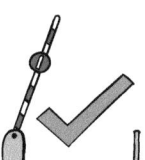

хорошо

Okay

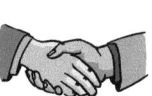

Привет

Namaste

переводчик

tumači

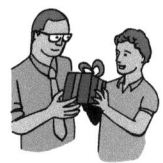

Спасибо

Ov sasto

Сколько стоит...?

Kozom si...?

Я не понимаю

Na havava

проблема

problemo

Добрый вечер!

Lačhi rat!

Доброе утро!

Lačhi javin!

Доброй ночи!

Lačhi rat!

До свидания

ačhon Devlesa

направление

dromeski sikavin

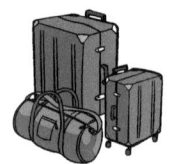

багаж

bagaži

сумка

gono

рюкзак

dumesko gono

гость

misafiri

комната

kamara

спальный мешок

sovimasko gono

палатка

cerha

туристическая информация
turistikani informacia

пляж
plaža

кредитная карточка
kreditno kartica

завтрак
javinako habe

обед
kušluko

ужин
ratyako habe

билет
karta

лифт
elevatori

почтовая марка
marka

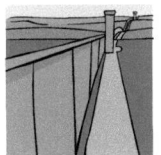

граница
simantra

таможня
adetia

посольство
ambasada

виза
viza

паспорт
pašaporti

транспорт
transporti

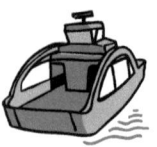

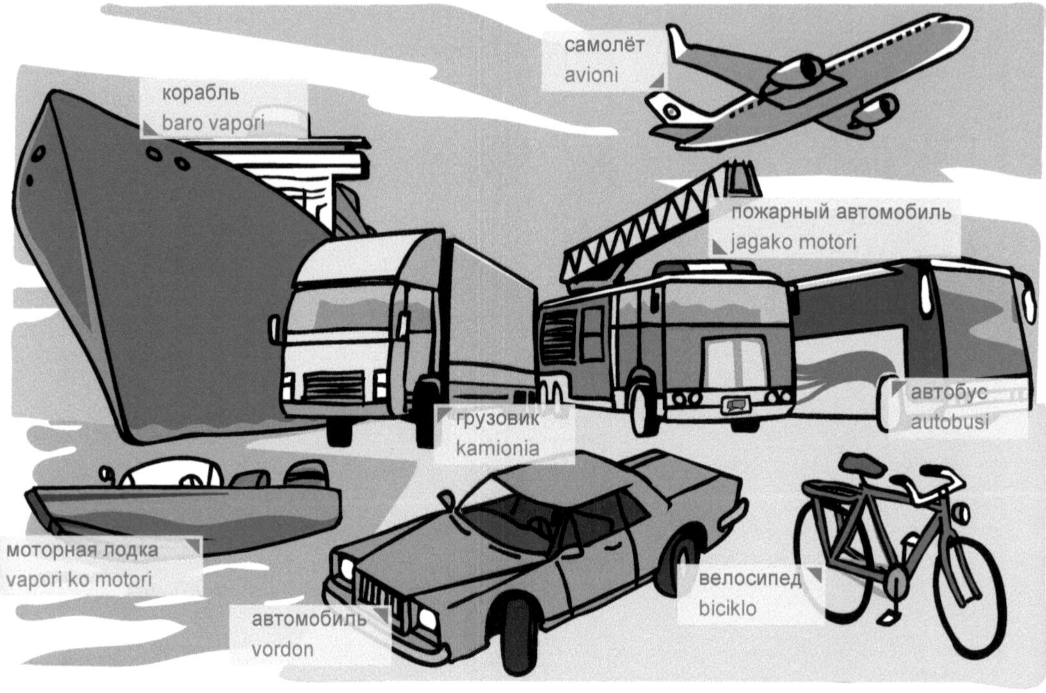
самолёт
avioni
корабль
baro vapori
пожарный автомобиль
jagako motori
автобус
autobusi
грузовик
kamionia
моторная лодка
vapori ko motori
велосипед
biciklo
автомобиль
vordon

паром

feri vapori

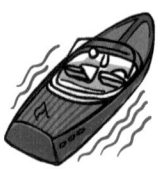

лодка

vapori

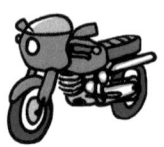

мотоцикл

motorciklo

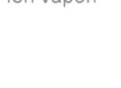

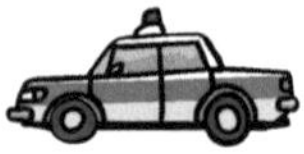

полицейский автомобиль

policiako vordon

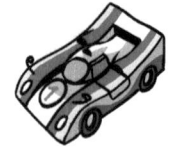

гоночный автомобиль

prastamasko vordon

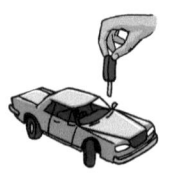

арендованный автомобиль

rentakar

совместное пользование
автомобилями

ulavibe vordon

буксировочный
автомобиль
rumosardo kamioni

мусоровоз

kamionengo than

двигатель

motori

топливо

petroli

заправка

petrolesko stasioni

дорожный знак

trafikoskere išaretia

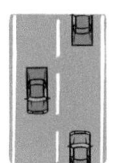

движение

trafiko

пробка

baro trafiko

автостоянка

vordonesko parkirimasko
than

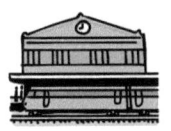

вокзал

pampurengo stasioni

рельсы

kamionia

поезд

pampuri

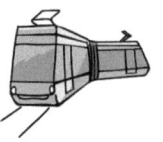

трамвай

tramvaj

вагон

vagoni

вертолёт

helikopteri

аэропорт

aeroporti

вышка

kula

пассажир

dromarutno

контейнер

kontejneri

коробка

kartoni

тележка

vordonoro

корзина

sevli

взлетать / приземляться

urjalipasko starto /
urjalipasko agor

город

diz

деревня

gav

центр города

dizyako centro

дом

kher

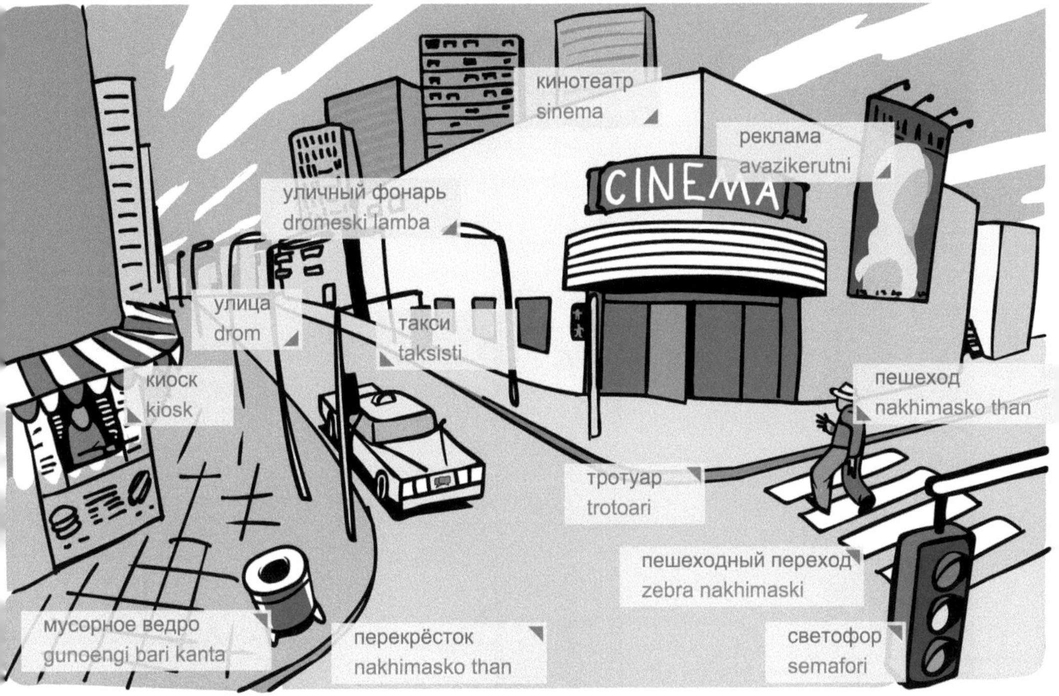

кинотеатр
sinema
реклама
avazikerutni
CINEMA
уличный фонарь
dromeski lamba
улица
drom
такси
taksisti
киоск
kiosk
пешеход
nakhimasko than
тротуар
trotoari
пешеходный переход
zebra nakhimaski
мусорное ведро
gunoengi bari kanta
перекрёсток
nakhimasko than
светофор
semafori

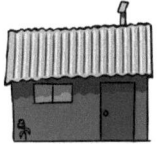

хижина

koliba

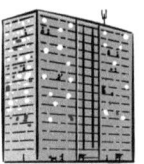

квартира

apartmani

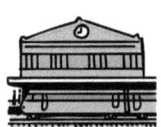

вокзал

pampurengo stasioni

ратуша

dizyaki sala

MUSEUM

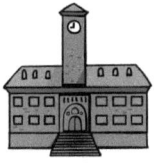

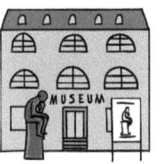

музей

muzeji

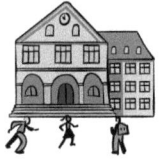

школа

škola

университет

univerziteto

банк

banka

больница

hospitalo

гостиница

hoteli

аптека

apoteka

офис

ofiso

книжный магазин

lil bikinimasko than

магазин

dukyano

цветочный магазин

lulugengo bikinutno

супермаркет

supermarket

рынок

kurko

универмаг

baro bikinimasko kher

торговец рыбой

mačhengo astarutno

торговый центр

kinimasko centro

порт

vaporengo ačhovimasko than

парк

parko

скамейка

klupa

мост

purt

лестница

merdevenya

метро

metro stasioni

тоннель

tuneli

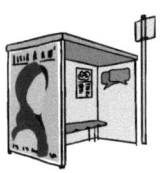

автобусная остановка

autobuseski adžikerin

бар

bar

ресторан

restorani

почтовый ящик

poštako mohto

табличка с названием
улицы

dromesko išareti

паркометр

parking than

зоопарк

zoo

бассейн

nangyovimasko bazeni

мечеть

džamiya

ферма

farma

загрязнение окружающей среды

melalipe

кладбище

limorengo than

церковь

khangeri

детская площадка

khelimasko than

храм

hramo

ландшафт
pejzaži

лист
patrin

дорожный указатель
išareti

дорога
drom

луг
livazin

путешественник
phiravno

камень
bar

дерево
kašt

река
len

трава
čar

цветок
luludi

долина

harno than

гора

bairi

озеро

devrijal

лес

veš

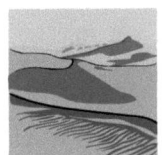

пустыня

mulano than

вулкан

vulkano

замок

saraji

радуга

renkali badalin

гриб

gaba

пальма

palma kašt

комар

sivrija

муха

mak

муравей

karandža

пчела

birumni

паук

pauko

жук

buba

лягушка

žamba

белка

ververica

еж

kanzauri

заяц

šošoj

сова

buf

птица

pakšin

лебедь

lebedi

кабан

bali

олень

eleno

лось

eleno

плотина

pani garavin

ветряной генератор

bavlalaki turbina

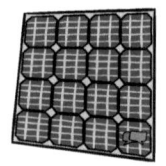

солнечная батарея

solarno paneli

климат

klima

ресторан
restorani

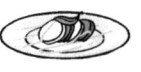

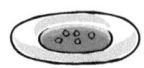

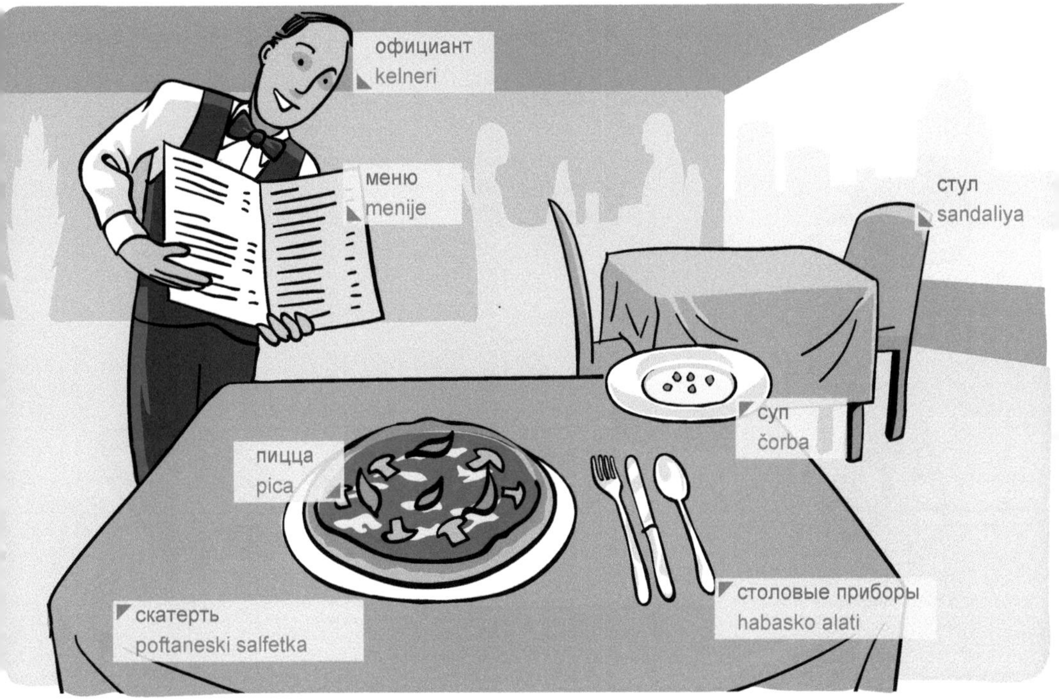
официант
kelneri
меню
menije
стул
sandaliya
суп
čorba
пицца
pica
столовые приборы
habasko alati
скатерть
poftaneski salfetka

закуска

avgo habe

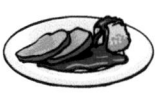

главное блюдо

šerutno habe

десерт

gudlimata

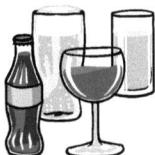

напитки

piiba

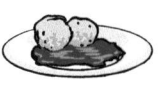

еда

habe

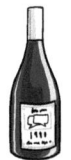

бутылка

šiša

фастфуд

fast food

уличная еда

sokakongo habe

чайник

čajniko

сахарница

šekereskoro čaroro

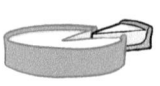

порция

porcia

кофеварка

makina vaš espresso

детский стульчик

uči sandaliya

счет

esapi

поднос

apladiya

нож

ćhuri

вилка

vilyuška

ложка

roj

чайная ложка

čajeski roj

салфетка

salfetka

стакан

tahtai

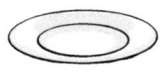

тарелка

čaro

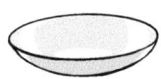

суповая тарелка

čaro čorbake

блюдце

hor čaro

соус

sosi

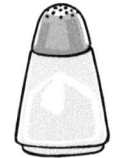

солонка

londesko čaroro

мельница для перца

kale biberesko pišlo

уксус

šut

масло

zejtini

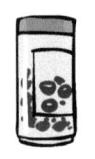

специи

začinia

кетчуп

kečap

горчица

senf

майонез

majonezi

супермаркет
supermarket

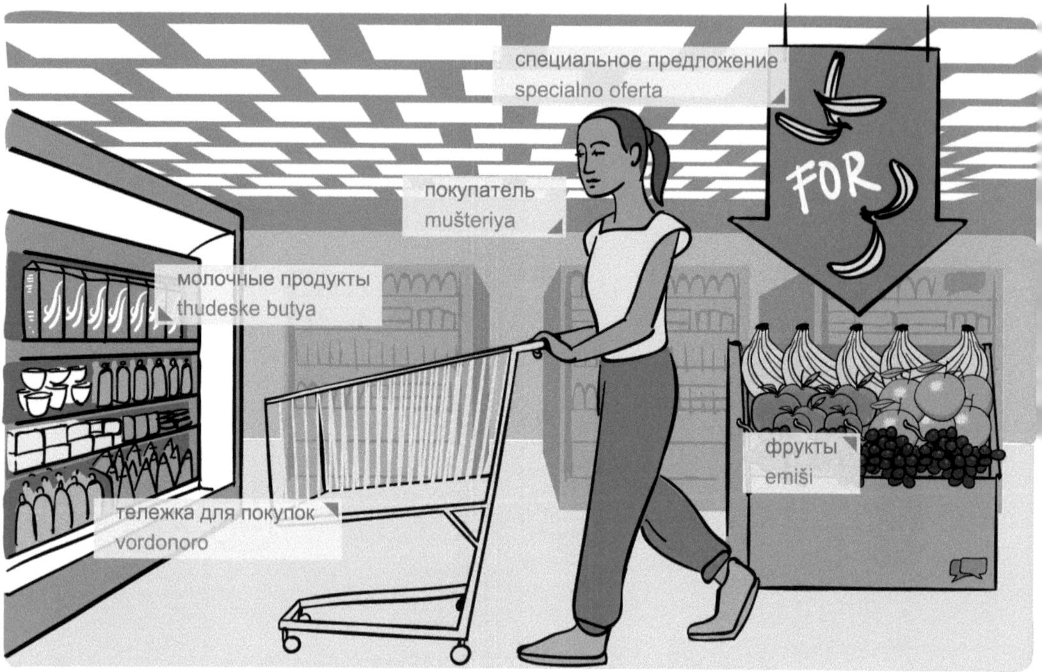

специальное предложение
specialno oferta
FOR
покупатель
mušteriya
молочные продукты
thudeske butya
фрукты
emiši
тележка для покупок
vordonoro

BUTCHERS

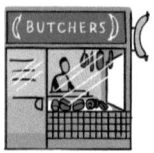

мясной магазин

kasapi

BAKERY

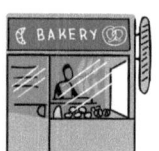

пекарня

furuna

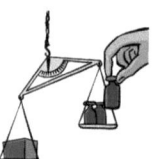

взвешивать

ladavipe

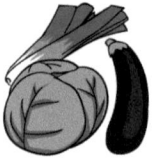

овощи

zarzavati

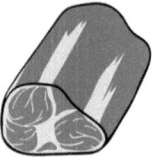

мясо

masesko rolati

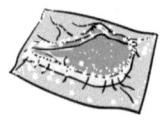

быстрозамороженные продукты

pahome habe

нарезка

šudro mas

консервы

konzerva

стиральный порошок

thovimasko prašako

сладости

gudlimata

предмет домашнего обихода

khereske butya

моющее средство

užarimaske butya

продавщица

bikinutno

касса

kasapi

кассир

kasieri

список покупок

kinimaski patrin

время работы

putarimaske satura

бумажник

lovengi tašna

кредитная карточка

kreditno kartica

сумка

gono

полиэтиленовый пакет

plastikano gono

вода

pani

сок

džus

молоко

thud

кока-кола

kola

вино

mol

пиво

bira

алкоголь

alkohol

какао

kakao

чай

čaj

кофе

kafa

эспрессо

espresso

капучино

cappuccino

банан

banana

яблоко

phabaj

апельсин

portokali

арбуз

kavuni

лимон

limoni

морковь

karota

чеснок

sir

бамбук

bambusi

лук

purum

гриб

gaba

орехи

akhora

лапша

humereske butya

спагетти

špageti

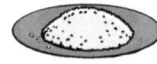

рис

rezo

салат

salata

картофель фри

čipsi

жареный картофель

peke kompiria

пицца

pica

гамбургер

hamburger

сэндвич

sendviči

шницель

kotleti

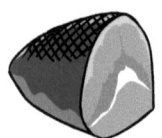

ветчина

žamboni

салями

salama

колбаса

goja

курица

khajnako mas

жаркое

peko

рыба

mačho

овсяные хлопья

popara

мюсли

musli

кукурузные хлопья

kornfleks

мука

varo

круассан

kroasani

булочка

masesko rolati

хлеб

maro

тост

tosti

печенье

biskotia

масло

puteri

творог

urda

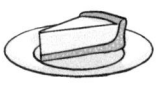

пирог

torta

яйцо

jaro

яичница

peke jare

сыр

kiral

мороженое

šudro gudlo

сахар

šekeri

мёд

avgin

мармелад

džem

крем с нугой

čokoladaki krema

карри

kari

ферма

farma

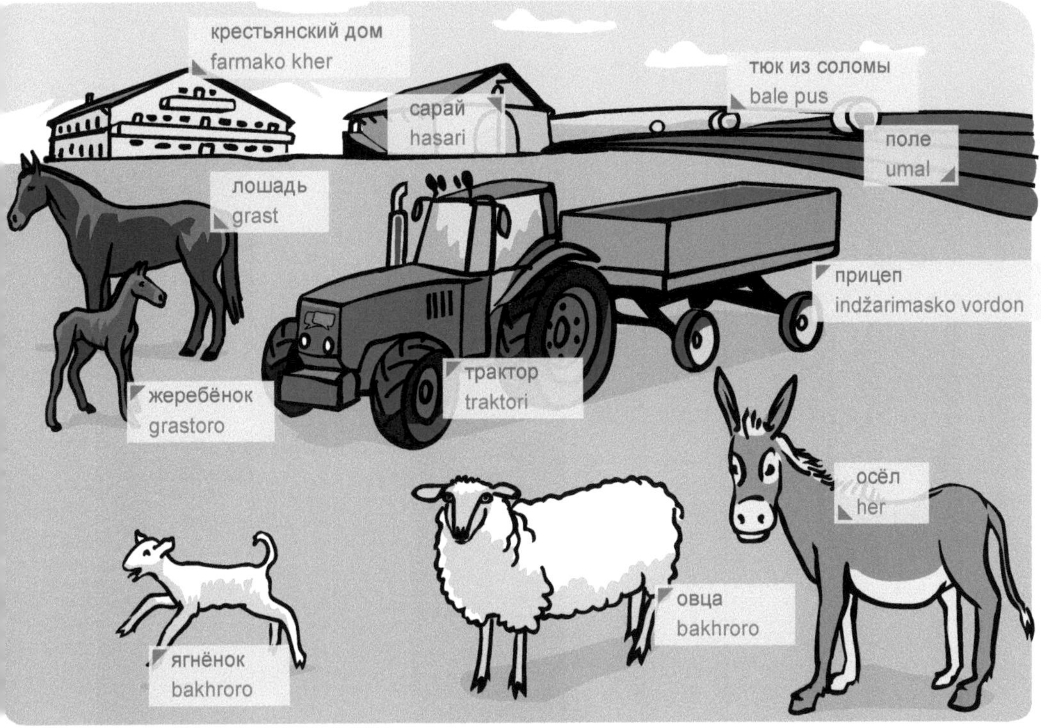
крестьянский дом
farmako kher
сарай
hasari
тюк из соломы
bale pus
поле
umal
лошадь
grast
прицеп
indžarimasko vordon
трактор
traktori
жеребёнок
grastoro
осёл
her
овца
bakhroro
ягнёнок
bakhroro

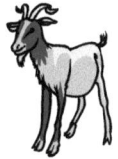

коза

buzno

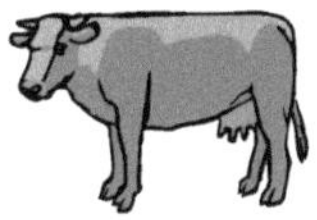

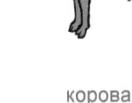

корова

guruvni

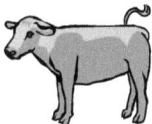

телёнок

guruvoro

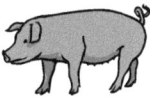

свинья

balo

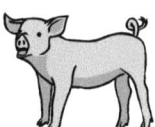

поросёнок

baloro

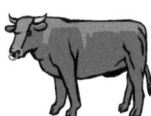

бык

guruv

гусь
papin

утка
payka

цыплёнок
pilička

курица
khayni

петух
bašno

крыса
baro germuso

кошка
bilika

мышь
germuso

вол
guruv

собака
džukel

конура
džukelesko kher

садовый шланг
žardina

лейка
panyarimaski kanta

коса
aindžako kidimasko alati

плуг
plugo

серп

srpo

мотыга

motika

навозные вилы

aindžaki vilyuška

топор

tover

тачка

vordonoro phiravutno

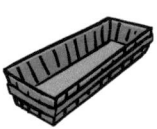

корыто

balani

бидон для молока

thudeski šiša

мешок

harari

забор

trujalutni

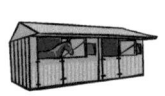

хлев

jahri

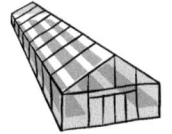

теплица

haryalo kher

почва

phuv

посев

seme

удобрение

gyubre

комбайн

aindžako kidipe

собирать урожай

kidibe aindž

урожай

harmani

ямс

phuvaki phabaj

пшеница

giv

соя

soja

картофель

kompiri

кукуруза

mumuruzi

рапс

šarlagani

фруктовое дерево

emišengo kašt

маниок

Kasava

злаки

giveskere javinlukoja

дымоход
odžako

крыша
učharin khereski

водосточный желоб
cevka

окно
pendžarka

гараж
garaža

звонок
udaresko zili

дверь
udar

мусорное ведро
gunoeski korpa

почтовый ящик
mohto

сад
bavča

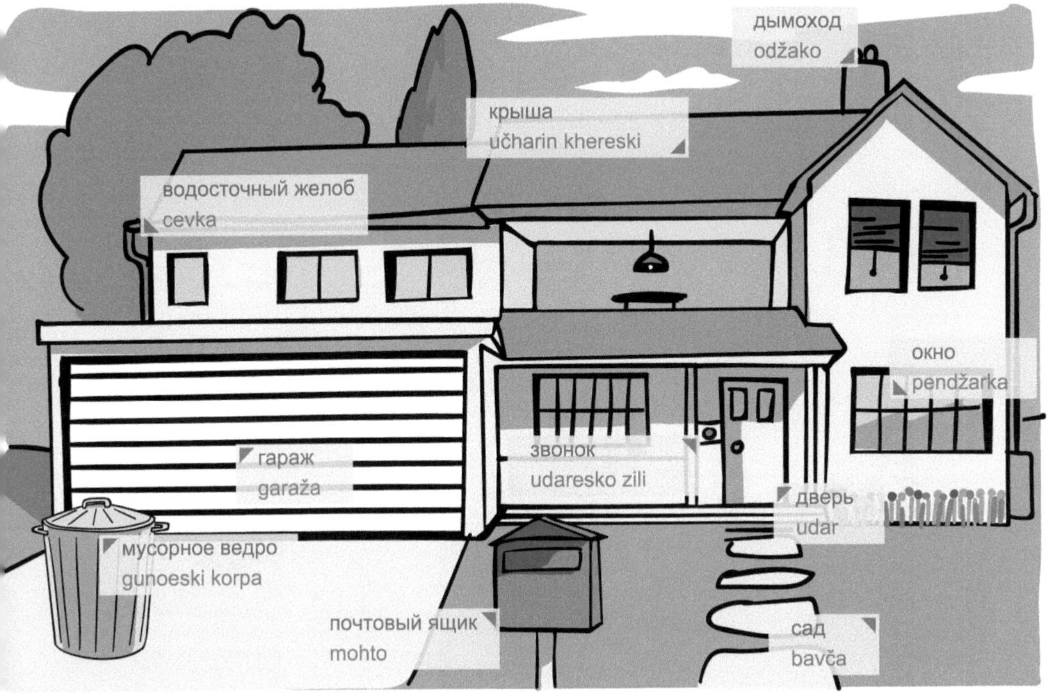

гостиная

bešimaski kamara

ванная комната

banya

кухня

kujna

спальня

sovimasko than

детская комната

čhavengi kamara

столовая

than hajbaske rakjako habe

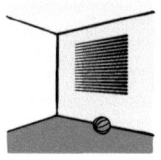

пол

kati

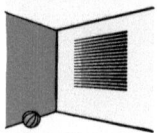

стена

duvari

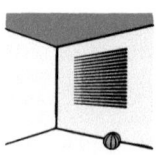

потолок

tavano

подвал

špajzi

сауна

sauna

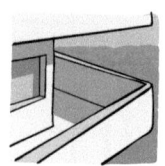

балкон

terasa

терраса

terasa

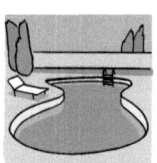

бассейн

bazeni

газонокосилка

čar harnyarimaski makina

пододеяльник

patrin

покрывало

čaršafia

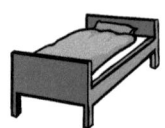

кровать

kreveto

метла

šulavni

ведро

korpa

выключатель

elektrikani phabarin

гостиная

bešimaski kamara

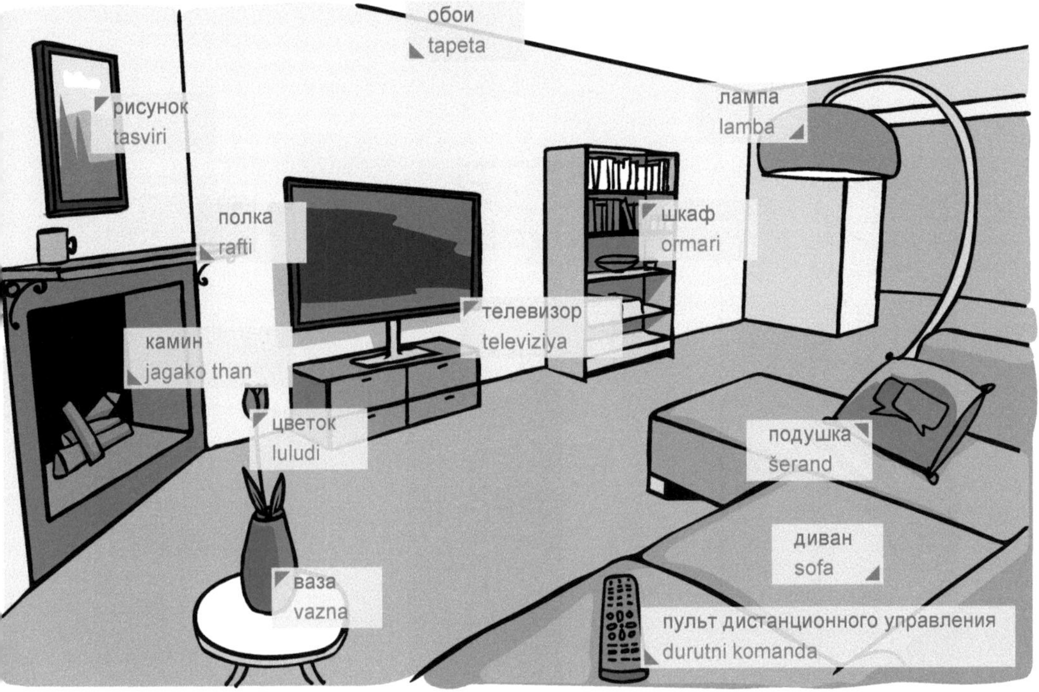

обои
tapeta
рисунок
tasviri
лампа
lamba
полка
rafti
шкаф
ormari
телевизор
televiziya
камин
jagako than
цветок
luludi
подушка
šerand
диван
sofa
ваза
vazna
пульт дистанционного управления
durutni komanda

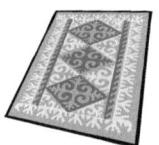

ковёр
kilimi

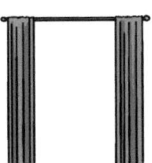

штора
perde

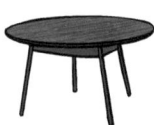

стол
masa

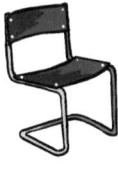

стул
sandaliya

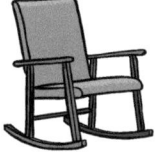

кресло-качалка
kunajka sandaliya

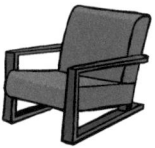

кресло
fotelya

книга

lil

покрывало

kebe

украшение

dekoraciya

дрова

kašta phabarimaske

фильм

filmi

стереосистема

stereo ašunimaske butya

ключ

nahtari

газета

gazeta

картина

frčaja bojakeribe

плакат

posteri

радио

radio

блокнот

hramovimasko bloko

пылесос

elektrikani šulavni

кактус

kaktusi

свеча

momoli

кухня
kujna

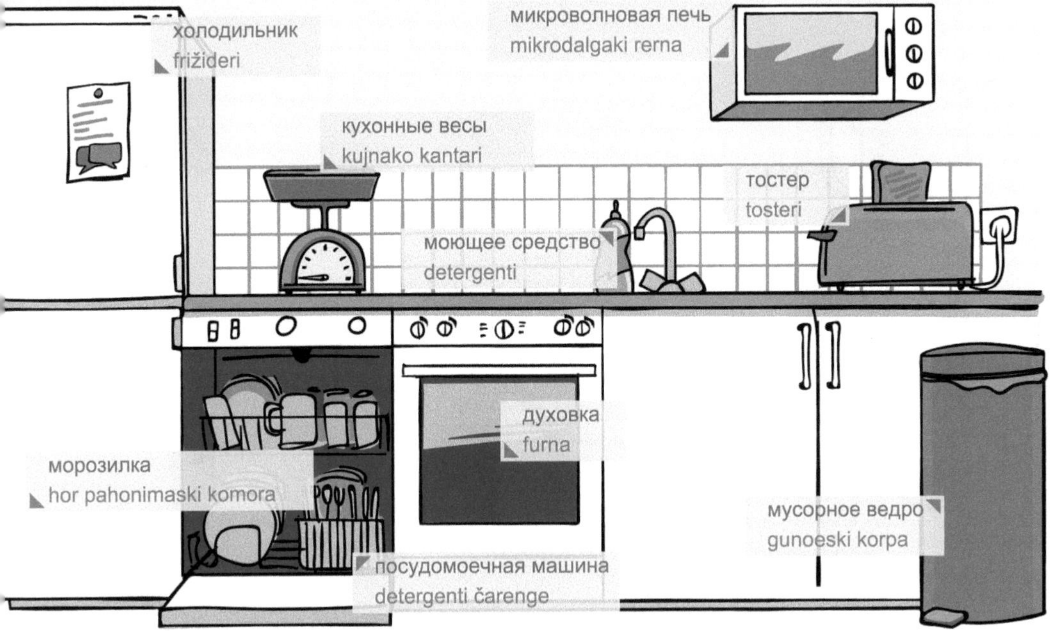
холодильник
frižideri
микроволновая печь
mikrodalgaki rerna
кухонные весы
kujnako kantari
тостер
tosteri
моющее средство
detergenti
духовка
furna
морозилка
hor pahonimaski komora
мусорное ведро
gunoeski korpa
посудомоечная машина
detergenti čarenge

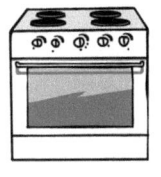

плита
keravimasko than

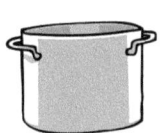

кастрюля
čaro

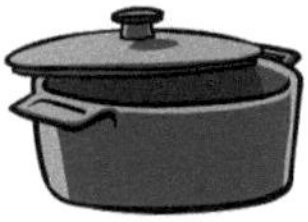

чугунный котелок
sastrnali tendžera

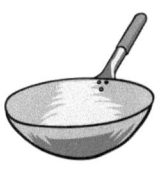

вок / кадай
vok cihani

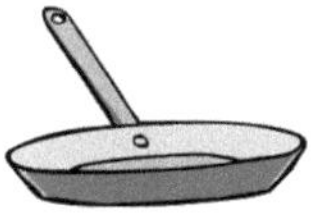

сковорода
tava

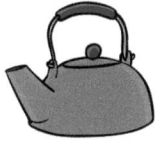

чайник
elektrikano bokali

пароварка

tendžera ki para

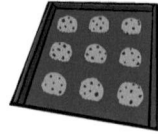

противень

tepsija

посуда

čare

кружка

bareder fildžano

миска

čaro

палочки для еды

kinakere habaskere kaštore

половник

fioka

лопатка

špatula

сбивалка

vastesko mikseri

сито

cedimasko čaro

сито

porizen

тёрка

rende

ступка

avano

гриль

skara

костёр

puteribe jag

доска

čhinimaski tabla

скалка

oklagia

штопор

puterimasko alati

жестяная банка

konzerva

консервный нож

konzervako puterutno

прихватка

čaresko ikerutno

раковина

lavabo

щетка

frča

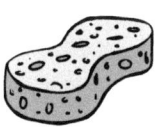

губка

sungeri

миксер

mikseri

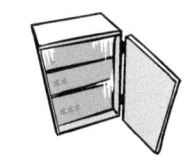

морозильная камера

hor pahonimasko frižideri

бутылочка для кормления

bebeski šiša

кран

češma

ванная комната
banya

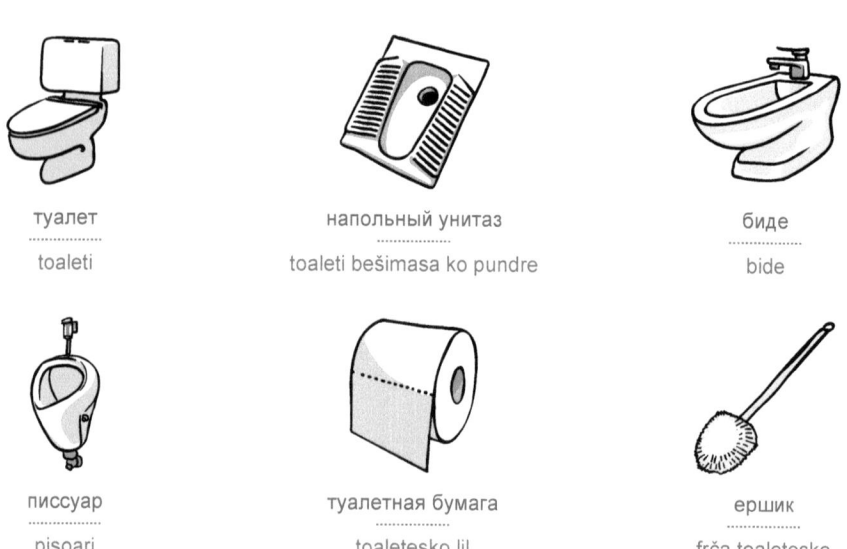

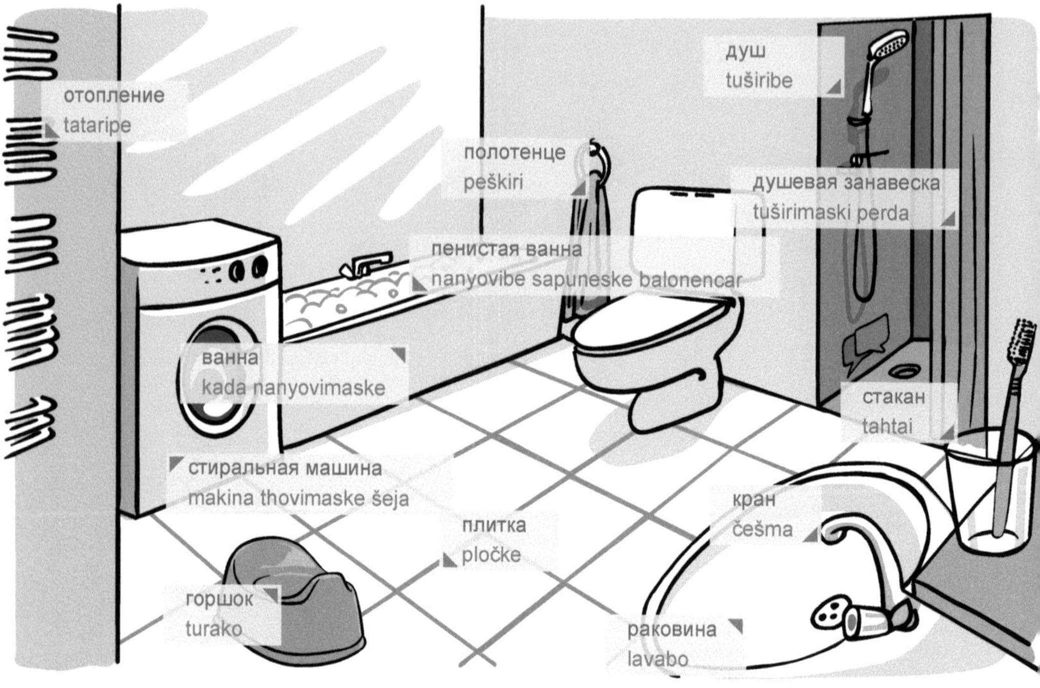

отопление
tataripe
полотенце
peškiri
душ
tuširibe
душевая занавеска
tuširimaski perda
пенистая ванна
nanyovibe sapuneske balonencar
ванна
kada nanyovimaske
стакан
tahtai
стиральная машина
makina thovimaske šeja
кран
česma
плитка
pločke
горшок
turako
раковина
lavabo

туалет

toaleti

напольный унитаз

toaleti bešimasa ko pundre

биде

bide

писсуар

pisoari

туалетная бумага

toaletesko lil

ершик

frča toaleteske

зубная щетка

danda thovimaski frča

зубная паста

danda thovimaski krema

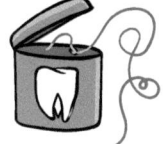

зубная нить

dandesko thav

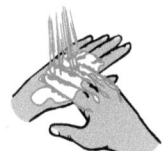

мыть

thovibe danda

ручной душ

vasteskoro tuši

интимный душ

tuši

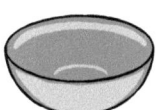

таз

lavabo

щетка для спины

dumeski frča

мыло

sapuni

гель для душа

tuširimasko geli

шампунь

šamponi

мочалка

flanela

сток

kada ćidimaske pani

крем

krema

дезодорант

dezodoransi

зеркало

ajna

ручное зеркало

vasteski ajna

бритва

žileti moravimaske

пена для бритья

moravimaski pena

лосьон после бритья

palal muravimaski krema

расческа

kanglik

щетка

frča

фен

feni balenge

лак для волос

sprej balenge

косметика

šminka

губная помада

karmini

лак для ногтей

oja najenge

вата

pamuko pošom

маникюрные ножницы

kata najenge

духи

parfemi

косметичка

gono thovimaske

табуретка

sandaliya

весы

tereziya

халат

bademantili

резиновые перчатки

gumena kalcunya

тампон

tamponi

гигиеническая прокладка

toaletno lil

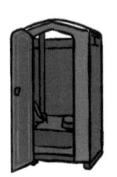

биотуалет

hemikano toaleti

детская комната

čhavengi kamara

будильник
alarmesko sato
мягкая игрушка
mangli khelutni
игрушечный автомобиль
vordonora khelimaske
погремушка
tropalka
кукольный домик
bebedžikongo kher
подарок
bakšiši

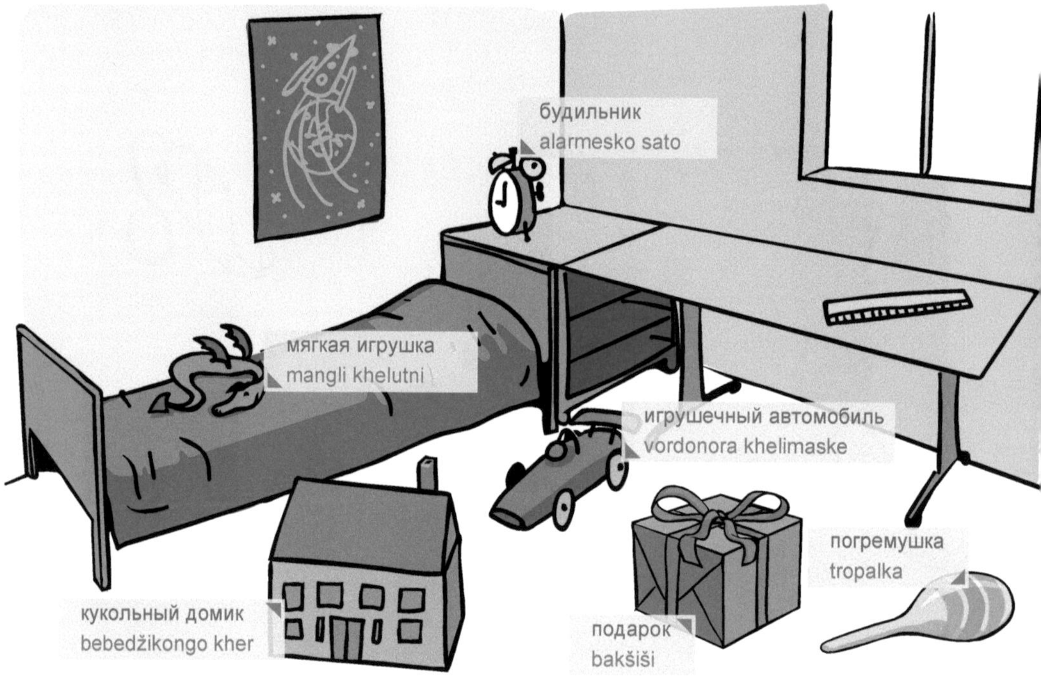

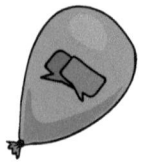

воздушный шар

baloni

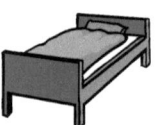

кровать

kreveto

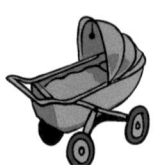

детская коляска

bebengo vordon

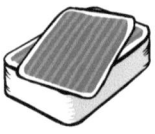

карточная игра

špili karte

пазл

ker-rumin khelin

SUPER
MEGA

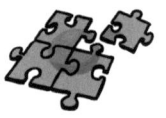

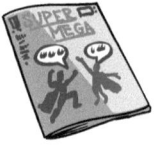

комикс

komikano lil

кирпичики Лего

lego kocke

кубики

kocke khelimaske

игрушечная фигурка

akciaki figura

ползунки

bodi bebeske

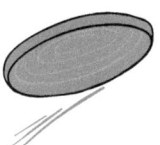

фрисби

frizbi

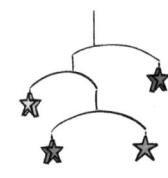

мобиле

mobile

настольная игра

masa khelimaske

кубик

zari

модель железной дороги

pampuri khelimaske

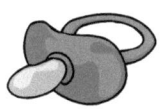

соска

cucla

вечеринка

bahlana

книга с картинками

tasvirengo lil

мяч

topka

кукла

bebedžiko

играть

khelibe

песочница

pošikako than

качели

kuna

игрушка

khelimaske butya

игровая приставка

konzola video khelimaske

трёхколесный велосипед

triciklo

плюшевый медвежонок

poftaneski ričini

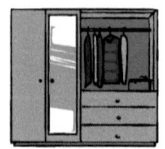

шкаф для одежды

garderoba

одежда

šeja

носки

kalcunya

чулки

khuvde kalcunya

колготки

hulahopke

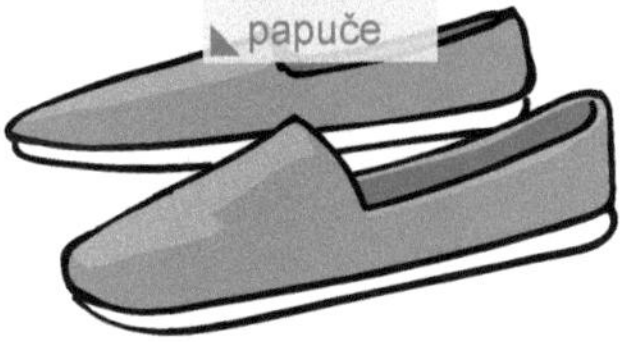

шарф
momija

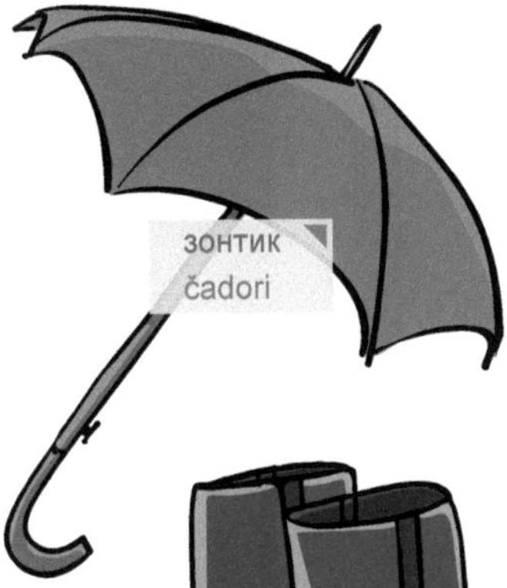

зонтик
čadori

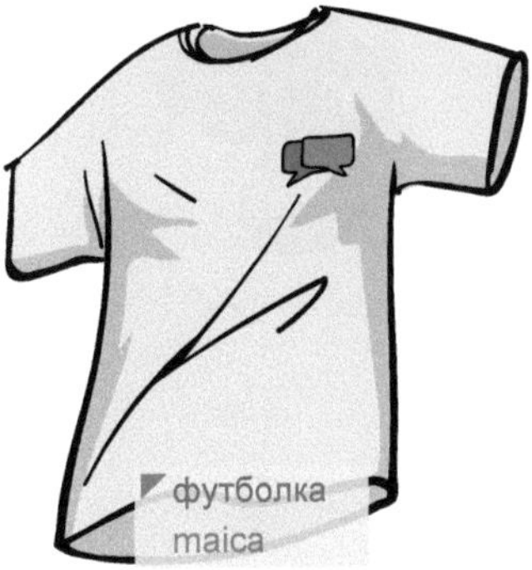

ремень
kaiši

футболка
maica

сапоги
čizme

тапки
papuče

кроссовки
trenerke

сандалии
sandale

ботинки
menije

резиновые сапоги
gumena čizme

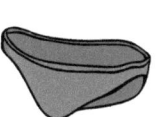

трусы
sostenya

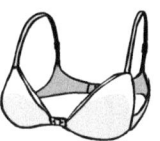

бюстгальтер
eleko

майка
jeleko

боди

bodi

брюки

pantalonya

джинсы

farmerke

юбка

suknya

блузка

bluza

рубашка

gat

свитер

puloveri

свитер

dukseri

спортивная куртка

harno kaputi

жакет

džeketi

пальто

kaputi

плащ

biršimdesko mantili

костюм

kostimi

платье

fustano

свадебное платье

prandinako fustano

мужской костюм

kostumi

ночная сорочка

rakjako fustano

пижама

pižame

сари

sari

платок

momija šereske

тюрбан

turbani

паранджа

burka

кафтан

kaftani

абайя

abaya

купальник

nangyovimaske šeja

плавки

buxle pantolonya

шорты

harne pantolonya

спортивный костюм

sporteske trenerke

фартук

kecelya

перчатки

vasteske kalcunya

пуговица

kopča

очки

gjuzlukya

браслет

belegziya

цепочка

mirikle

кольцо

angrustik

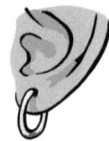

серьга

čeni

шапка

stadik

вешалка

kaputeski čiviya

шляпа

stadik

галстук

kravata

застежка молния

patenti

шлем

kaciga

подтяжки

dandenge proteze

школьная форма

školaki uniforma

форма

uniforma

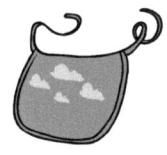

детский нагрудник

ligarka

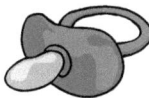

соска

cucla

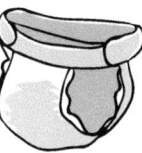

подгузник

pherno

офис

ofiso

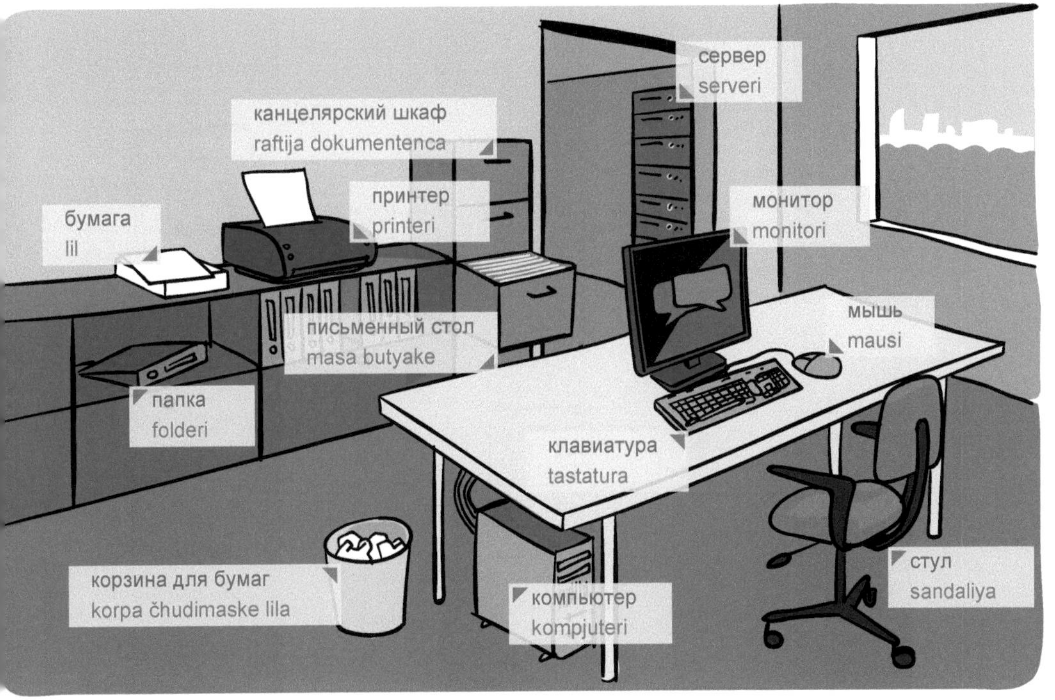
сервер
serveri
канцелярский шкаф
raftija dokumentenca
принтер
printeri
бумага
lil
монитор
monitori
письменный стол
masa butyake
мышь
mausi
папка
folderi
клавиатура
tastatura
корзина для бумаг
korpa čhudimaske lila
компьютер
kompjuteri
стул
sandaliya

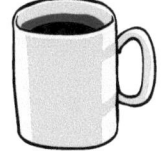

кофейная кружка

fildžano kafake

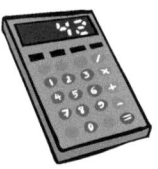

калькулятор

kalkulatori

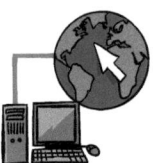

интернет

internet

ноутбук

laptop

письмо

lil

сообщение

mesaži

мобильный телефон

mobilno telefono

сеть

netvorko

ксерокс

kopirimaski makina

программа

softveri

телефон

telefono

розетка

štekeri

факс

faks makina

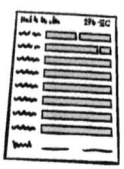

формуляр

formulari

документ

dokumento

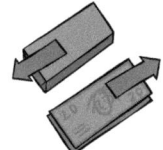

покупать

kinibe

платить

pokinibe

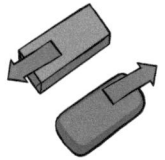

торговать

kino-bikinibe

деньги

love

доллар

dolari

евро

euro

иена

jeni

рубль

rublya

франк

švajcariako franko

жэньминьби юань

renminbi juan

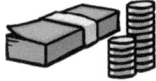

рупия

rupija

банкомат

lovengo automati

пункт обмена валюты

biro baši devize

золото

somnakaj

серебро

rup

нефть

petroli

энергия

energia

цена

fiyati

договор

kontrakto

налог

taksa

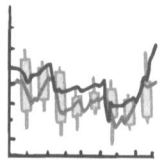

акция

berzaki akcija

работать

butikeribe

служащий

butyarno

работодатель

butyako dendutno

фабрика

fabrika

магазин

dukyano

профессии
profesie

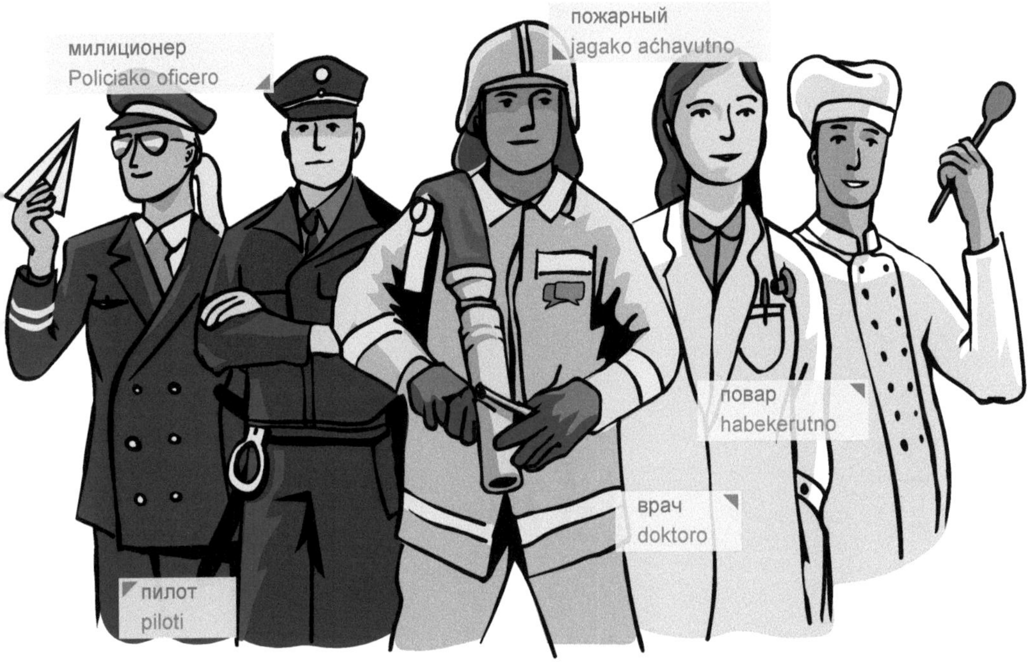
милиционер
Policiako oficero
пожарный
jagako aćhavutno
повар
habekerutno
врач
doktoro
пилот
piloti

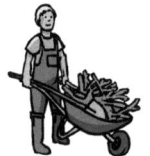

садовник

bavčako butyarno

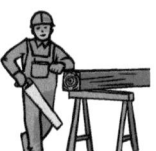

столяр

tišleri

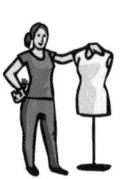

швея

šnajderka

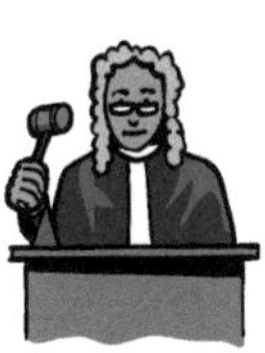

судья

krisuno

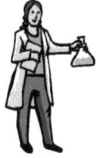

химик

hemičari

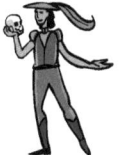

актёр

akteri

водитель автобуса

autobusesko šoferi

таксист

taksisti

рыбак

mačhengo astarutno

уборщица

užarutni

кровельщик

učharinengo kerutno

официант

kelneri

охотник

avdžija

художник

tasvirkerutno

пекарь

furnadžia

электрик

elektrikako phirno

строитель

tamirutno

инженер

inžinjeri

мясник

kasapi

сантехник

panjesko butyarno

почтальон

poštari

солдат

askeri

архитектор

arhitekto

кассир

kasieri

флорист

luludyari

парикмахер

frizeri

кондуктор

kondukteri

механик

mekanisti

капитан

kapetani

зубной врач

dandengo saslyarno

ученый

vigjanalo manuš

раввин

rabini

имам

imami

монах

rašaj

священник

rašaj

инструменты

alatia

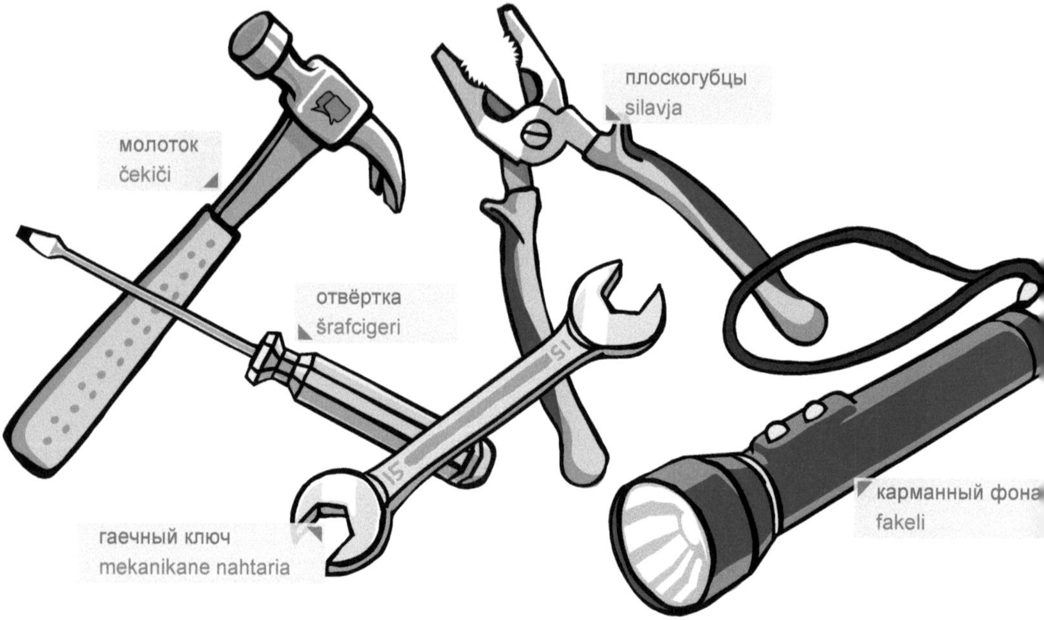

молоток
čekiči
плоскогубцы
silavja
отвёртка
šrafcigeri
гаечный ключ
mekanikane nahtaria
карманный фона
fakeli

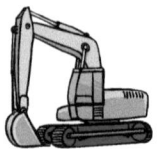

экскаватор

hrandimasko alati

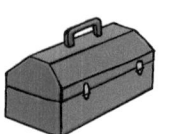

ящик для инструментов

alateski kutia

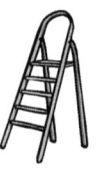

стремянка

merdeveni

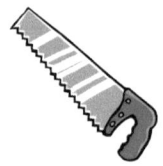

пила

pila

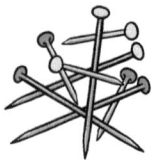

гвозди

karfa

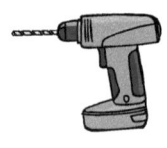

дрель

posavin

ремонтировать

lačharkeribe

лопата

lopata

Блин!

Naleti!

совок

vatrali

ведро с краской

lonco bojimaske

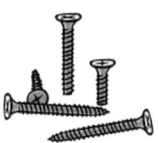

винты

šrafja

музыкальные инструменты
muzikane instrumentia

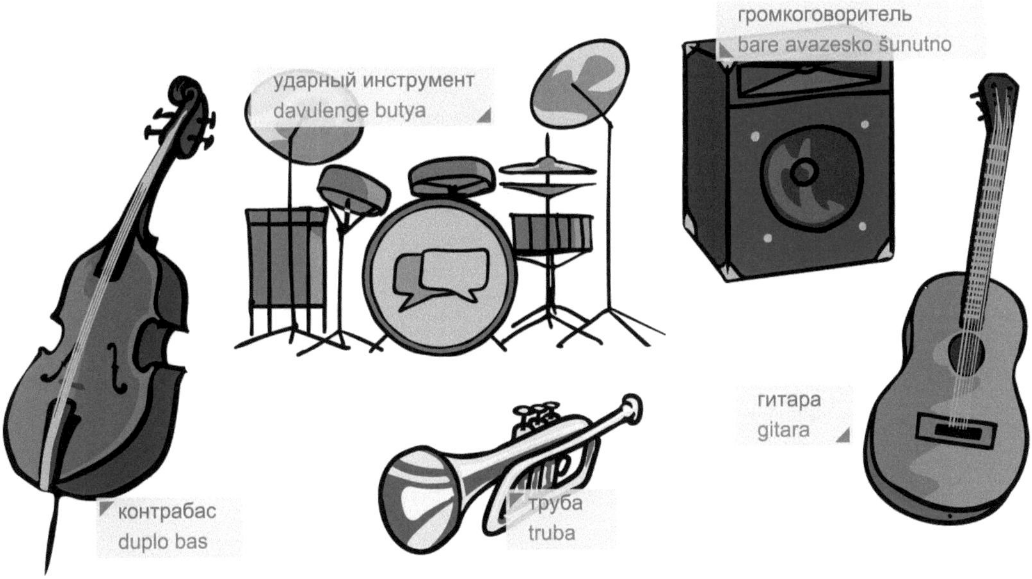

громкоговоритель
bare avazesko šunutno

ударный инструмент
davulenge butya

гитара
gitara

контрабас
duplo bas

труба
truba

пианино

piano

скрипка

kemana

бас-гитара

bas

литавры

timpani

барабан

davulia

синтезатор

sintisajzeri

саксофон

saksafoni

флейта

flejta

микрофон

mikrofoni

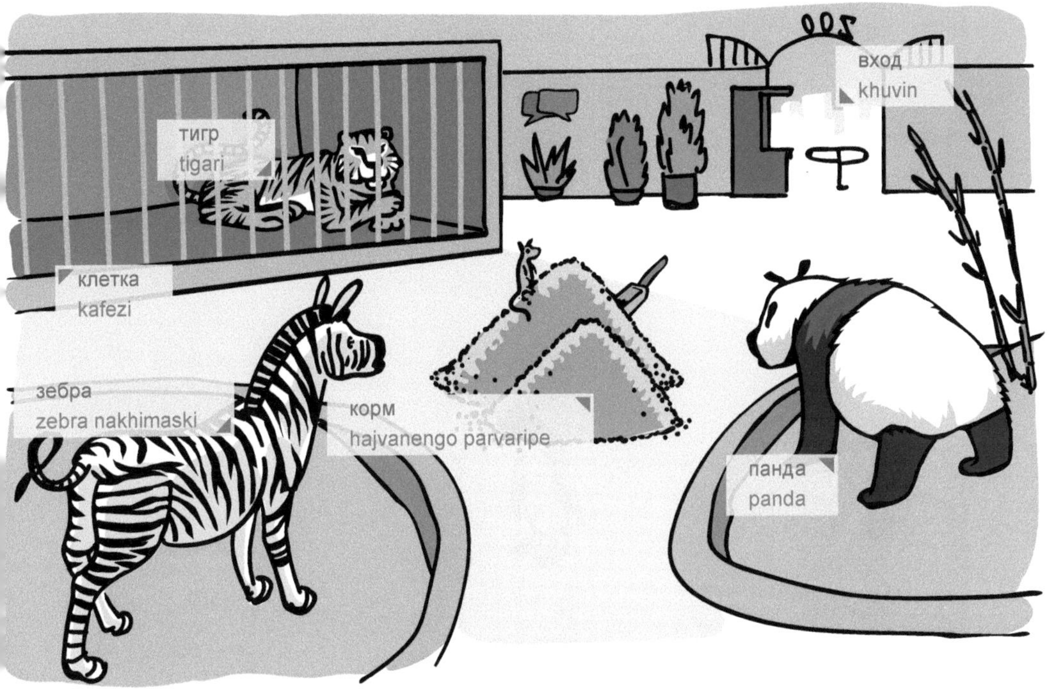

тигр
tigari

вход
khuvin

клетка
kafezi

зебра
zebra nakhimaski

корм
hajvanengo parvaripe

панда
panda

животные

hajvania

носорог

rino

слон

elefanti

горилла

gorila

кенгуру

kenguri

медведь

ričini

верблюд

kamila

страус

ostriga

лев

aslani

обезьяна

majmuni

фламинго

flamingo

попугай

papagali

белый медведь

polarno ričini

пингвин

pingvini

акула

ajkula

павлин

pauno

змея

sap

крокодил

krokodilo

служитель зоопарка

zoo arakhutno

тюлень

foka

ягуар

jaguari

пони

poni

леопард

leopardi

бегемот

hipo

жираф

žirafa

орёл

zorale kandžengi paškin

кабан

bali

рыба

mačho

черепаха

želka

морж

morži

лиса

lumri

газель

gazela

американский футбол
Amerikako fudbali

езда на велосипеде
biciklizmo

теннис
tenis

баскетбол
basketboli

плавание
nangjovibe

бокс
boksi

хоккей
hokej ko paho

футбол

fudbali

бадминтон

badmington

лёгкая атлетика

atletika

гандбол

vasteskoboli

лыжный спорт

skiibe

поло

polo

действия
aktivitetia

прыгать
hutibe
обнимать
deibe angali
смеяться
asaibe
идти
phiribe
петь
giljavibe
мечтать
dikhibe suno
молиться
azirikeribe
целовать
čumibe

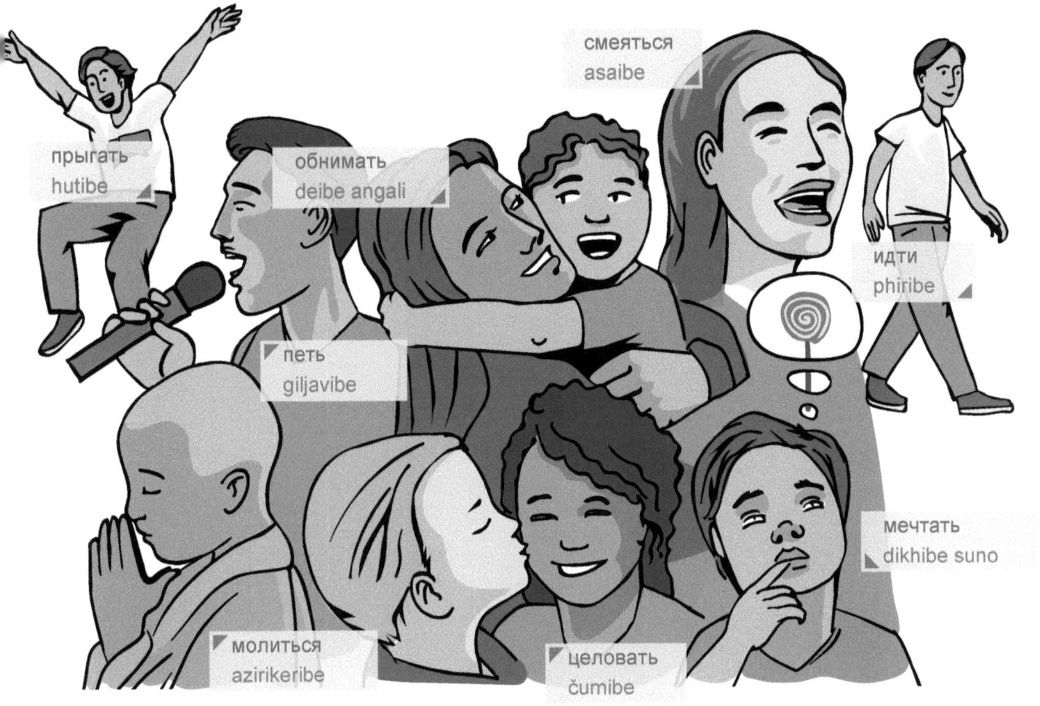

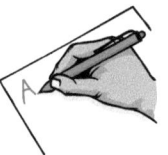

писать
hramovibe

рисовать
čitribe

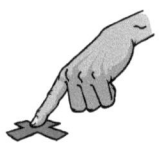

показывать
sikavibe

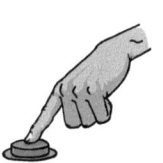

нажимать
cidljaribe

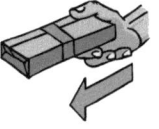

давать
deibe

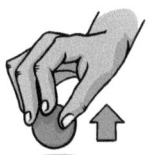

брать
leibe

иметь

isibe

делать

keribe

быть

te ovel

стоять

tergyovibe

бежать

prastaibe

тянуть

cidibe

бросать

čhudibe

падать

peribe

лежать

hovavibe

ждать

adžikeribe

носить

phiravibe

сидеть

bešibe

надевать

urjavibe

спать

sovibe

просыпаться

džangavibe

рассматривать

dikhibe ko

плакать

rovibe

гладить

čalavibe

причесывать

uhlavibr

говорить

vakeribe

понимать

haljovibe

спрашивать

puč

слушать

šunibe

пить

piibe

кушать

habe

наводить порядок

užaribe

любить

kamibe

готовить

keribe habe

ехать

paldibe vordon

летать

urjalibe

ходить под парусом

vaporea džaibe

считать

kalkulirin

читать

drabaribe

учиться

sikljovibe

работать

butikeribe

вступать в брак

prandibe

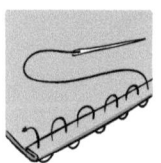

шить

suvibe

чистить зубы

thovibe danda

убивать

mudaribe

курить

piibe dahani

отправлять

bičhalibe

семья
familiya

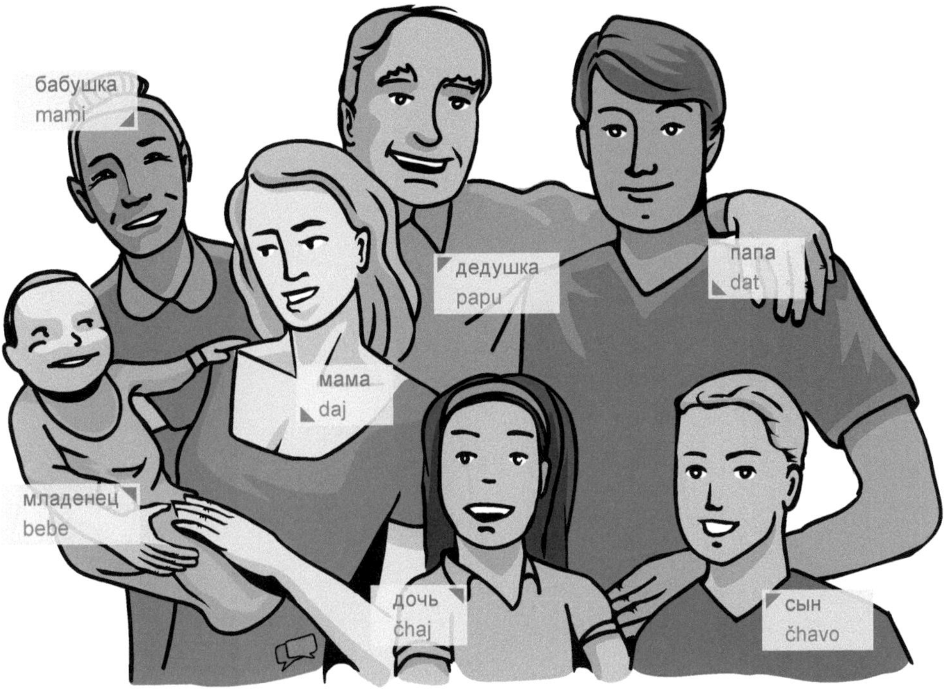
бабушка
mami
дедушка
papu
папа
dat
мама
daj
младенец
bebe
дочь
čhaj
сын
čhavo

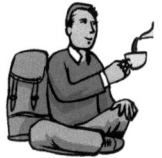

гость
misafiri

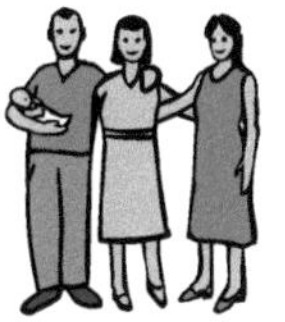

тетя
bibi

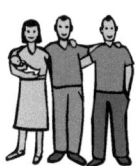

дядя
kako

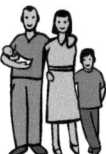

брат
phral

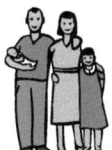

сестра
phen

тело

trupo

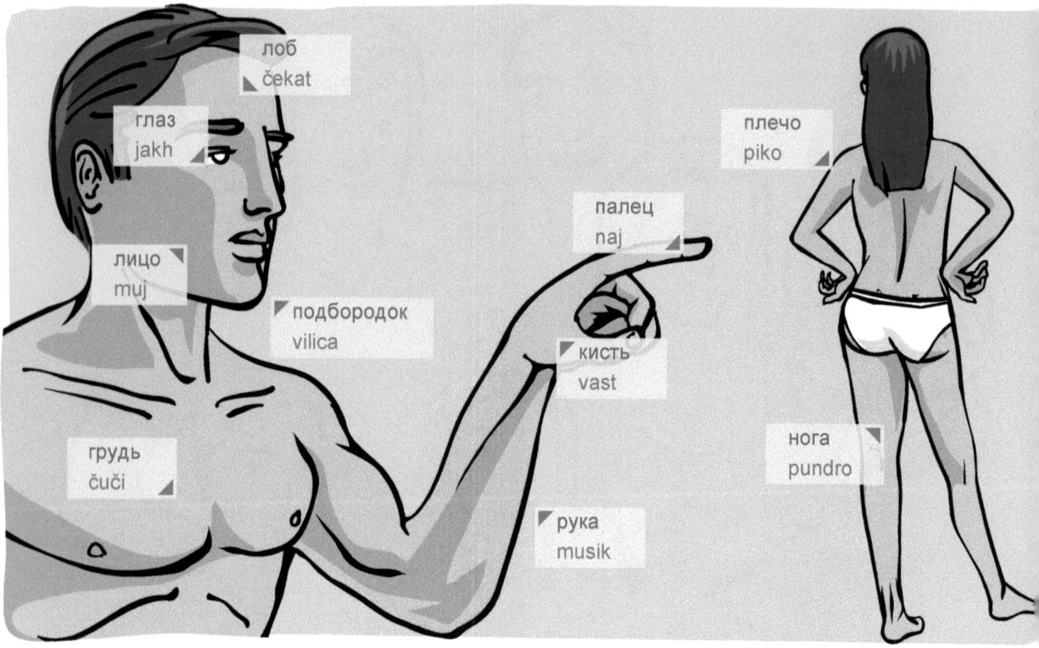

лоб
čekat
глаз
jakh
плечо
piko
палец
naj
лицо
muj
подбородок
vilica
кисть
vast
грудь
čuči
нога
pundro
рука
musik

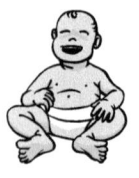

младенец

bebe

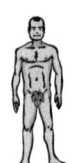

мужчина

murš

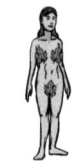

женщина

džuvli

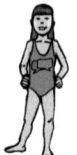

девочка

čhaj

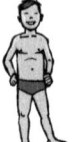

мальчик

ćhavo

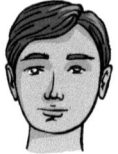

голова

šero

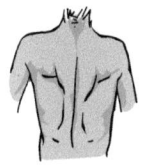

спина

dumo

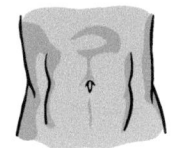

живот

maškar

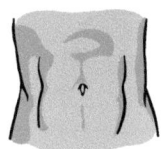

пупок

pupko

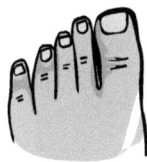

палец ноги

pundrenge naja

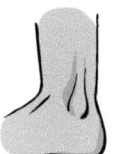

пятка

patum

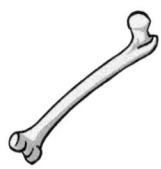

кость

kokalo

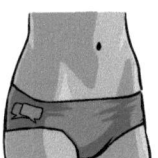

бедро

kuko

колено

koč

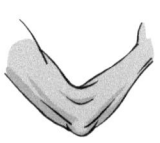

локоть

lahci

нос

nakh

ягодицы

bul

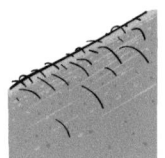

кожа

mortik

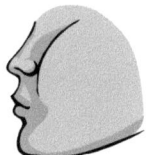

щека

čham

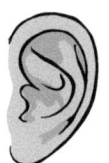

ухо

kan

губа

voš

рот

muj

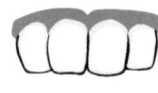

зуб

danda

язык

ćhib

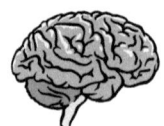

мозг

godi

сердце

vilo

мышца

muskulo

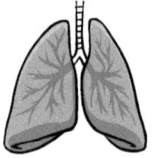

лёгкое

kolin

печень

buko

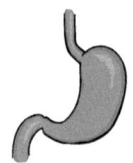

желудок

vogi

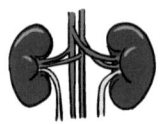

почки

bubrekora

половой акт

seks

презерватив

kondomi

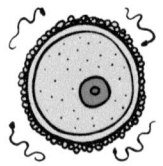

яйцеклетка

yarengi kletka

сперма

sperma

беременность

khamnipe

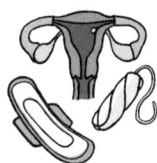

менструация

menstruaciya

вагина

vagina

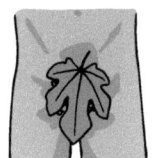

пенис

penis

бровь

phov

волосы

bala

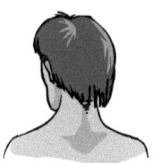

шея

men

больница
hospitalo

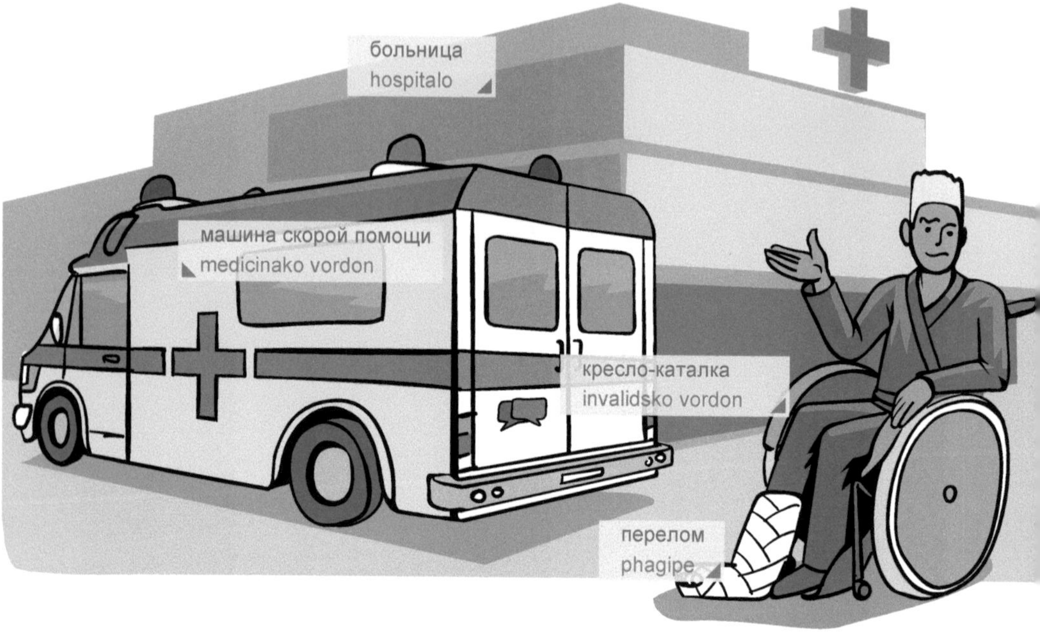

больница
hospitalo
машина скорой помощи
medicinako vordon
кресло-каталка
invalidsko vordon
перелом
phagipe

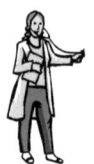

врач

doktoro

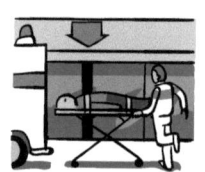

пункт первой помощи

sigyarimaski kamara

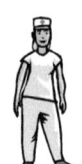

медсестра

medicinaki phen

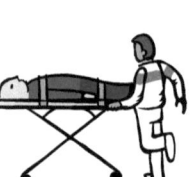

неотложный случай

sigyaripen

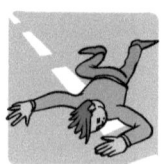

без сознания

ki koma

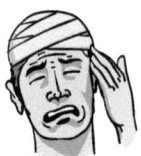

боль

dukh

повреждение

dukhavipen

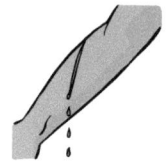

кровотечение

ratvaripe

инфаркт

infrakto

инсульт

šlog

аллергия

alergiya

кашель

khuinibe

повышенная температура

tinanipe

грипп

gripa

понос

diyarea

головная боль

šereski dukh

рак

kanceri

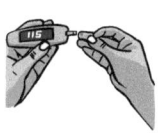

диабет

diyabetes

хирург

operaciya

скальпель

skalperi

операция

operaciya

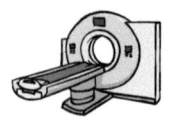

КТ

CT

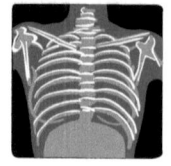

рентген

rentgen

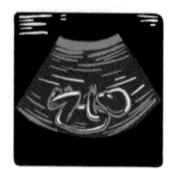

ультразвук

ultra avazo

маска

mujeski maska

болезнь

nasvalipe

приёмная

adžukyarimasko than

костыль

paterica

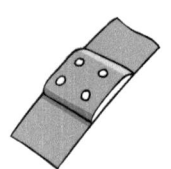

пластырь

flastero

бинт

phandimaski gaza

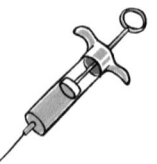

укол

inyekciya

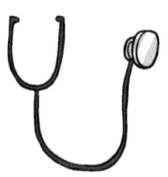

стетоскоп

stetoskopo

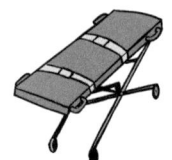

носилки

tregero

термометр

klinicko termometro

рождение

biyanipe

избыточный вес

baro thulipe

слуховой аппарат

ašunimasko aparato

дезинфекционное средство

dezinfekciako

инфекция

infekciya

вирус

viruso

ВИЧ / СПИД

HIV / SIDA

лекарство

medicina

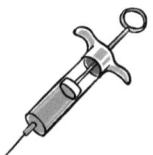

прививка

vakcinaciya

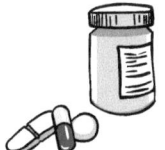

таблетки

tabletura

противозачаточная таблетка

hapi

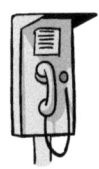

экстренный вызов

sigyarimasko akharipe

прибор для измерения кровяного давления

monitori vaš učo pretisak

больной / здоровый

nasvalo / sasto

Помогите!

Mažutisar!

сигнал тревоги

alarmo

нападение

atako

атака

atako

опасность

dar buti

запасной выход

sigyarimasko iklyovipen

Пожар!

Bari jag!

огнетушитель

mamuj jagako aparati

несчастный случай

bibax

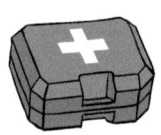

аптечка

butya avgo ažutimaske

SOS

SOS

милиция

Policia

Европа

Evropa

Северная Америка

Utarali Amerika

Южная Америка

Purabali Amerika

Африка

Afrika

Азия

Azija

Австралия

Australia

Атлантический океан

Atlantiko

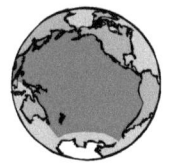

Тихий океан

Pacifiko

Индийский океан

Indiako Okeano

Антарктический океан

Antarktikosko Okeano

Северный Ледовитый океан

Arktikosko Okeano

Северный полюс

Utaralo poli

Южный полюс

Purabalo poli

Антарктика

Antarktiko

земля

phuv

суша

phuv

море

samudra

остров

džaziri

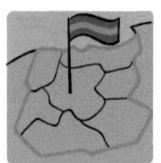

нация

nacija

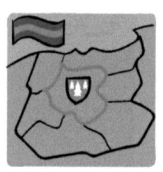

государство

raštra

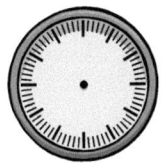

циферблат

saatosko gendo

часовая стрелка

saatoski sikavni

минутная стрелка

dakikongi sikavni

секундная стрелка

sekundarno saatoski sikavin

Который час?

Kozom si o saato?

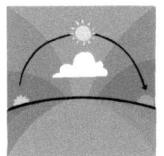

день

dive

время

vrama

сейчас

akana

электронные часы

digitalno saato

минута

dakika

час

časo

неделя
kurko

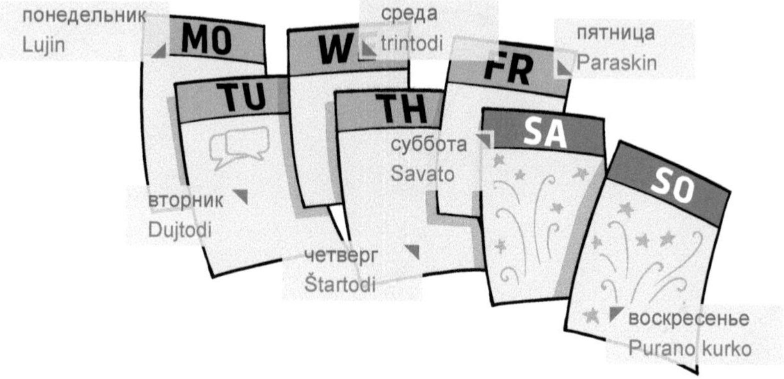

понедельник
Lujin

MO

среда
trintodi

W

пятница
Paraskin

FR

TU

TH

SA

суббота
Savato

вторник
Dujtodi

SO

четверг
Štartodi

воскресенье
Purano kurko

вчера
....
erati

сегодня
....
avdive

завтра
....
tajsa

утро
....
javin

полдень
....
ekvaš dive

вечер
....
blevel

рабочие дни
....
butyarne divesa

выходные
....
vikend

год
berš

дождь
biršim
радуга
renkali badalin
снег
iv
ветер
bavlal
весна
anglonilaj
осень
palonilaj
лето
nilaj
зима
ivend

4.APRIL 11°
5.APRIL 4°
6.APRIL 13°
7.APRIL 8°
8.APRIL 10°

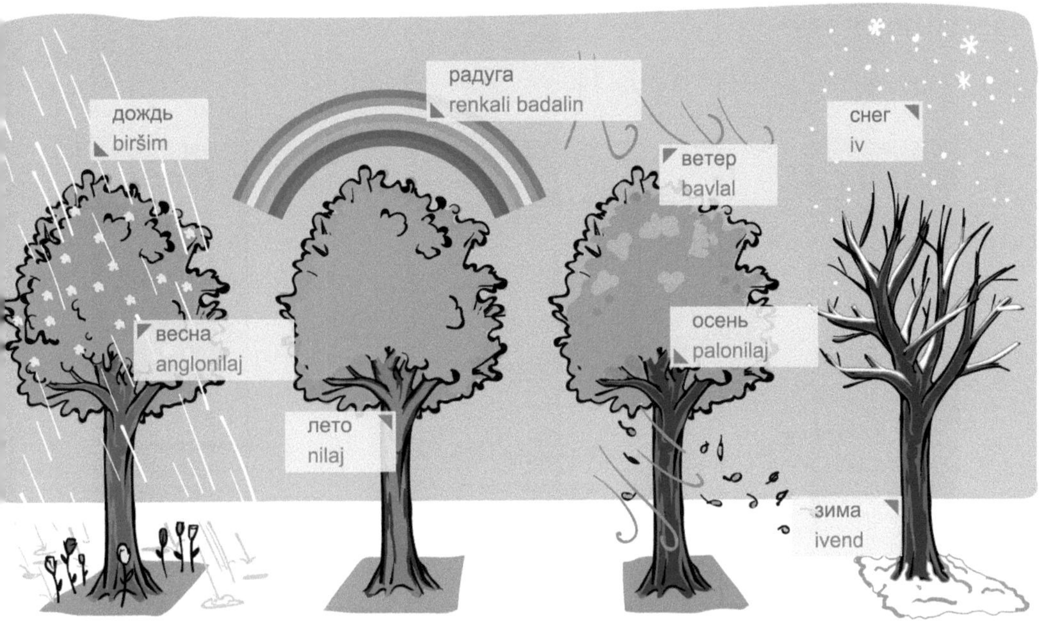

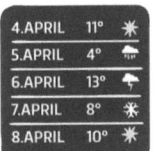

прогноз погоды
....
vramakoro vakeribe

F
C
120
90
60
30
0
-30
40
30
20
10
0
-10
-20

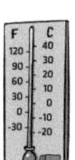

термометр
....
termometro

солнечный свет
....
khamalo

туча
....
badal

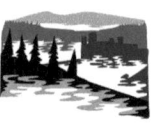

туман
....
muhi

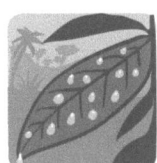

влажность воздуха
....
nemlime hava

молния

šemšekoja

гром

šemšekosko čalavibe

буря

bura

град

kijameti

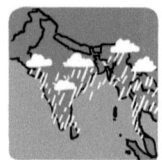

муссон

monsuni

наводнение

baro pani

лёд

paho

январь

Januaro

февраль

Februaro

март

Marto

апрель

Aprilo

май

Majo

июнь

Juno

июль

Julo

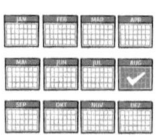

август

Augusto

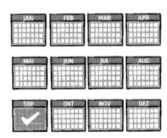

сентябрь
....
Septembro

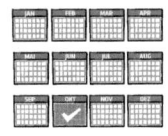

октябрь
....
Oktombro

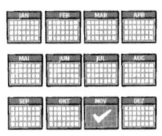

ноябрь
....
Novembro

декабрь
....
Dekembro

формы
forme

круг
....
rota

квадрат
....
kvadrati

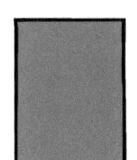

прямоугольник
....
rektanglo

треугольник
....
trianglo

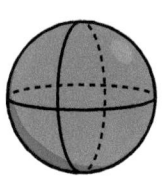

шар
....
sfera

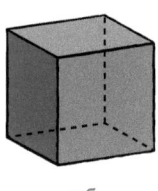

куб
....
kocka

белый

parni

желтый

galbeno

оранжевый

pomarandža

розовый

roze

красный

loli

лиловый

lila

синий

vunato

зелёный

harjali

коричневый

kafeno

серый

kuršumlija

черный

kali

много / мало

but / hari

яростный / мирный

holjame / mudro

красивый / уродливый

šuži / bišuži

начало / конец

starto / agor

большой / маленький

baro / tikno

светлый / темный

puterde bojako / phanle bojako

брат / сестра

phral / phen

чистый / грязный

užo / melalo

полный / неполный

sahno / bisahno

день / ночь

dive / rat

мёртвый / живой

mulo / dživdo

широкий / узкий

buvlo / tank

съедобный / несъедобный

hala pe / na hala pe

злой / дружелюбный

džungalo / šukar

взволнованный /
скучающий
bare vogjea / bi vogjea

толстый / худой

thulo / kišlo

сначала / в конце

avgo / paluno

друг / враг

amal / dušmani

полный / пустой

pherdo / čučo

твёрдый / мягкий

zoralo / kovlo

тяжёлый / легкий

pharo / lokho

голод / жажда

bokh / truš

больной / здоровый

nasvalo / sasto

незаконный / законный

ilegalno / legalno

умный / глупый

godyaver / bigodyako

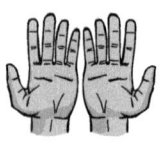

слева / справа

bajan / dahin

близко / далеко

paše / dur

новый / подержанный

nevo / purano

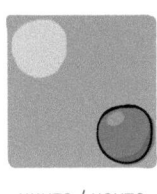

ничто / нечто

khanči / vareso

старый / молодой

phuro / terno

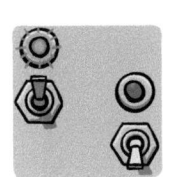

включено / выключено

phabardo / ačhavdo

открыто / закрыто

puterdo / phanlo

тихо / громко

mudro / bare avazeskoro

богатый / бедный

barvalo / čorolo

правильный /
неправильный
čačutno / došalo

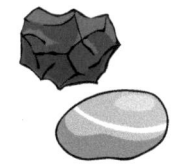

шероховатый / гладкий

zoralo / kovlo

печальный / счастливый

mazuni / lošalo

короткий / длинный

skurto / lungo

медленный / быстрый

pohari / sigate

мокрый / сухой

sapano / šuko

тёплый / прохладный

tato / šudro

война / мир

mareba / sansari

0	**1**	**2**
ноль	один	два
zero	jek	duj

3	**4**	**5**
три	четыре	пять
trin	štar	panč

6	**7**	**8**
шесть	семь	восемь
šov	efta	ohto

9	**10**	**11**
девять	десять	одиннадцать
enja	deš	dešujek

12

двенадцать

dešuduj

13

тринадцать

dešutrin

14

четырнадцать

dešuštar

15

пятнадцать

dešupanč

16

шестнадцать

dešušov

17

семнадцать

dešefta

18

восемнадцать

dešohto

19

девятнадцать

dešenja

20

двадцать

biš

100

сто

šel

1.000

тысяча

milja

1.000.000

миллион

milioni

английский

Anglicko

американский английский

Americko Anglicko

мандаринский китайский

Kinesko Mandarinsko

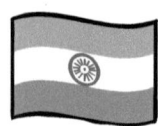

хинди

Indisko

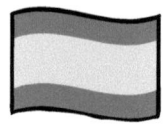

испанский

Špansko

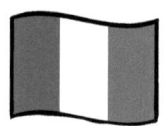

французский

Francusko

арабский

Arapsko

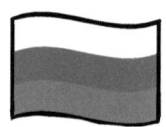

русский

Rusko

португальский

Portugalsko

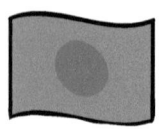

бенгальский

Bengalsko

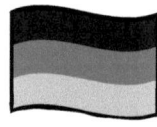

немецкий

Nemicko

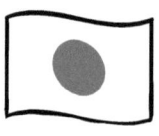

японский

Japansko

я

thaj

ты

tu

он / она / оно

ov / oj

мы

amen

вы

tumen

они

ola

кто?

ko?

что?

so?

как?

sar?

где?

kote?

когда?

kana?

имя

anav

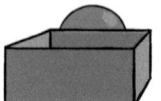

за

palal

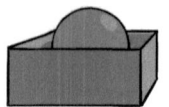

в

andre

перед

anglal o

над

upral

на

an

под

telal

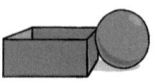

рядом

trujal

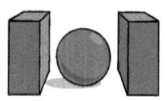

между

maškaral

место

than